AF268281

DÉPARTEMENS
DE L'OUEST.

LE PASSÉ ET LE PRÉSENT.

NOTE

SUR LA GUERRE DE CES DÉPARTEMENS,

ET MOYENS EFFICACES POUR LA FAIRE CESSER, EMPLOYÉS PAR LE CÉLÈBRE GÉNÉRAL HOCHE.

PAR UN VIEUX MILITAIRE.

PARIS,

IMPRIMERIE DE P. DUPONT ET LAGUIONIE,

HÔTEL-DES-FERMES.

—

MAI 1832.

DÉPARTEMENS

DE L'OUEST.

LE PASSÉ ET LE PRÉSENT.

NOTE

SUR LA GUERRE DE CES DÉPARTEMENS,
ET MOYENS EFFICACES POUR LA FAIRE CESSER, EMPLOYÉS
PAR LE CÉLÈBRE GÉNÉRAL HOCHE.

L'inestimable bienfait de la publicité, qui sert malheureusement les passions furibondes, obtient des succès plus précieux lorsque le véritable patriotisme lui donne la possibilité d'être l'interprète des pensées généreuses qu'il est seul capable d'inspirer. Qu'il soit permis à un ancien militaire, qui durant quarante-cinq années a servi honorablement son pays en passant successivement par tous les grades; aujourd'hui, dans l'inaction, sa modeste et glorieuse récompense nationale lui suffit. Vivant paisiblement parmi ses concitoyens industrieux, en partageant leurs peines et leurs plaisirs, jouissant de leur heureuse aménité qui fut toujours le plus bel apanage du caractère français; ses nombreuses campagnes sur la plus forte partie du continent, lui donnent la facilité de charmer ses loisirs et lui font concevoir l'espérance, dans le moment actuel, de pouvoir être utile en communiquant au gouvernement des observations d'après les expériences qu'il a acquises, en parcourant durant la guerre les départemens de l'Ouest, uniquement dans l'intérêt public et pour celui des habitans de ces contrées. Ne sollicitant aucune faveur et n'aspirant à d'autres illustrations, que celles déjà obtenues depuis long-temps en combattant les ennemis de la France, il fut assez heureux en diverses occasions d'indiquer des succès, en évitant l'effusion du sang. Cette maxime qui sympathise le mieux avec son cœur, pourra couvaincre ses concitoyens que ses observations sont en rapport avec le dévouement sacré qu'il a toujours manifesté, puisqu'un maréchal de l'empire en 1814, appréciant son zèle non équivoque, lui confia cinq mille malades et blessés, qu'avait dû laisser en Allemagne le 13e corps d'armée, lorsque les traités firent ouvrir les portes de la ville de Hambourg; en moins de six semaines ces infortunés soldats revinrent sur des vaisseaux dans le sol natal, par suite des heureuses sollicitations faites au général en chef russe, qui rendit un éclatant hommage de satisfaction à celui qui fut chargé de remplir cette honorable mission.

Les calamités qui affligent encore les départemens de l'Ouest, lui font un devoir de dévoiler les crimes odieux qu'il a vu commettre impunément dans ces contrées; ils laissèrent des impressions tellement douloureuses dans sa mémoire, qu'il ose espérer que son récit impartial ne fera qu'augmenter l'intérêt que fait toujours concevoir l'exacte vérité, et que des Français souffrant réclament.

La fàcheuse position topographique de ce pays, où se fomentera toujours la rébellion, à chaque agitation du trône, et si des améliorations dans la législation faisaient intervenir des discussions civiles et religieuses, ou dans le cas d'une guerre qui obligerait le gouvernement d'éloigner les troupes de cette partie de la France, ces circonstances impérieuses qui peuvent se présenter à chaque instant, doivent fixer attentivement la pénétration des ministres. Le moment actuel démontre suffisamment cette vérité incontestable, qu'il est urgent de remédier à cette plaie politique, qui fait aussi cruellement gémir cette infortunée population, totalement abandonnée à l'influence pernicieuse des agens secrets de la rebellion et du désordre, qui trouvent dans ce pays impénétrable la facilité de cacher leurs projets sinistres, poussés par de grands coupables qui sont à l'étranger, pour opérer le renversement des glorieuses institutions que la France vient d'acquérir, après lesquelles aspirent tous les peuples civilisés, afin d'échapper au pouvoir des oppresseurs qui furent constamment les auxiliaires du droit divin, qui fait l'effroi de l'humanité dans tous les pays.

Dans la nouvelle crise du moment, la légitimité de la famille déchue est le prétexte absurde qu'on fait agir ; son éloignement et sa renonciation au trône sont la preuve la plus incontestable de la fourberie des factieux. Ces fautes et surtout la faiblesse qu'elle pratique constamment pour satisfaire ses avides courtisans qui, à l'exemple de leurs ancêtres, n'ont pas craint, dans la restauration, de dilapider la fortune publique par une cupidité qui les rend à jamais les plus cruels ennemis de la France: ces privilégiés dédaignant toute espèce d'expérience sur les événemens passés, sont aujourd'hui guidés par la vengeance; tous les moyens leur sont bons pour ensanglanter le sol de la patrie, en suscitant des troubles intérieurs afin d'engager les puissances étrangères à essayer d'une autre restauration, qui leur fut si propice pour assouvir leurs passions haineuses. La France régénérée ne doit pas le craindre, le seul sentiment de sa force nationale et des maux incalculables qu'elle a dû en souffrir, joint à l'admiration de sa noble modération, doit la tranquilliser à jamais de toute attaque; au surplus la force de ses institutions libérales forme une barrière insurmontable que tous les potentats de l'Europe craindront toujours de franchir. Ce pouvoir physique et moral les a déjà déconcertés dans tous leurs projets d'invasion, il suffit seul dans l'éloignement pour ébranler le pouvoir des factieux, qui cherchent à entraîner les rois dans une guerre qui ne pourrait être funeste qu'à leurs intérêts.

Les habitans de la Vendée, au milieu du dix-neuvième siècle, au centre d'une nation éclairée, vivent encore sous l'empire des mœurs féodales, et sous l'influence de ces gentillâtres de paroisses, apprivoisés au carnage des guerres civiles, toujours armés de la longue épée et du mousqueton, continuellement en rapport direct avec la faction ultramontaine, qui exerce son empire déplorable mêlant le spirituel au temporel, exploitant à son profit l'ignorance. Dans le délire du fanatisme de ces faux dévots, ils croient ne rien devoir à l'humanité, ni au gouvernement qui les entretient avec les deniers publics; leur hypocrisie dans le trafic honteux de leurs prières, vendues sans pudeur au nom de l'éternel, et avec toute l'insolence de la barbarie; constate leur impudente cupidité; pourtant leur ministère de paix et de concorde serait d'éclairer leurs frères dans la charité chrétienne, et de les diriger vers l'obéissance des lois de leur pays. Mais ils se gardent bien d'y laisser introduire les bienfaits de l'instruction qui effacerait le prestige de leur autorité mystérieuse. Le rustique villageois pourrait s'éclairer sur ses véritables intérêts et sur la conscience de son devoir et celle de sa liberté.

A défaut d'éducation plus humaine, le père apprend à son fils à manier le fusil ; il lui enseigne ce que ses parens lui ont dit du mérite des armes à feu ; pour lancer une balle dans le cœur d'un inconnu et de remercier Dieu ensuite sur le cadavre ensanglanté de la victime tombée sans savoir d'où le coup est parti. Voilà les résultats qu'amène chaque jour l'ignorance, et qui promettent de se multiplier incessamment, si l'on ne s'efforce point d'en réprimer les progrès. Il est temps plus que jamais de mettre un terme à ces désordres, qui arrêtent l'essor de la civilisation et compromettent, au profit des ennemis de notre constitution, des biens qui nous ont coûté si cher. Renfermés dans leurs marais et les masures crenelées qu'ils héritèrent de leurs aïeux, enclins également à la rebellion contre leurs voisins et souvent même envers leurs souverains, ces champions de la légitimité jouent sans péril le rôle des seigneurs du moyen âge. Dès qu'ils parlent, leurs vassaux mercenaires courent au danger et au butin : quelques touffes de rubans, et quelques pièces de monnaie les dédommagent de leurs fatigues. Ils combattent, parce qu'on les paie, sans songer que l'argent qu'on leur distribue ne compense pas les torts qu'ils se font à eux-mêmes. Que leur importe après tout ce qui doit arriver ? Ils auront obéi à leurs maîtres qui promettent au fidèle croyant le salut de l'âme et la félicité éternelle. Tous, il est vrai, ne poussent pas la superstition jusqu'à ajouter foi à ces grossières absurdités ; mais le fanatisme donna, à toutes les époques, naissance à des actes de cruauté inouïe. Sans retracer tous les détails de cette guerre d'extermination, ont de nombreux témoins existent, sans rappeler tant de souvenirs douloureux pour la France, que ne s'y passe-t-il pas encore aujourd'hui ? Quelle impunité! quelle audace ! une poignée de ces assassins entre fièrement dans un village, la cocarde blanche au chapeau, et le ruban vert à la boutonnière, le dévaste en plein midi, et fait taire par les menaces l'expression des sentimens patriotiques. De jeunes conscrits appelés par le sort à défendre l'état, sont réduits, par l'effroi qu'on leur inspire, à s'enrôler parmi ces brigands, ou à s'évader, pendant la nuit, de la maison paternelle, pour se rendre sous les drapeaux. Présens partout, nulle surveillance ne peut les atteindre; et lorsque les autorités sont à leur piste, ce sont eux encore qui mettent en défaut ceux qui se chargent de les poursuivre. Que dire de ce Diot, et de sa missive insolente au sous-préfet qui marchait avec la force armée sur ses traces ? « *J'ai tenu pen-* » *dant cinq minutes ma carabine en joue sur votre poi-* » *trine; tenez-vous sur vos gardes, une autre fois je ne* » *vous épargnerai pas......* » Et ce n'est là que le prélude de l'épouvantable explosion qu'on doit craindre de ce volcan entretenu à dessein, si on ne prend des mesures pour comprimer ses laves brûlantes, qui ne furent jamais parfaitement éteintes.

La situation même du pays encourage et favorise ces entreprises criminelles. Assise au-dessous de la Bretagne, dont elle a presque hérité la vieille habitude de révolte, et baignée à l'ouest par l'Océan, la Vendée peut recevoir sur ses côtes les secours de l'étranger; au sud même, la Loire serait une barrière redoutable, qui la protégerait puissamment : la contrée, parsemée de bois assez épais, peut offrir au besoin un refuge aux factieux. Quelquefois les flancs spacieux d'un arbre miné par le temps sert d'asile invisible, où le meurtrier se dérobe à la poursuite de ses adversaires. Souvent aussi le paysan

occupé tranquillement à labourer son champ, retire tout-
à-coup d'un sillon son espingole couverte de rouille, et
tue un ennemi sans défiance. Pourquoi ces meurtres, se
demande-t-on ? Pourquoi cette guerre acharnée entre
les habitans d'un même village ? C'est pour acheter une
place dans le ciel par des assassinats, c'est pour assouvir
une haine politique qu'ils ne comprennent pas, et pour
mériter la haute paie qu'on leur donne. Le mal qu'ils
font est en raison directe de la rétribution qui leur est
accordée. La famille d'Holy-Rood, au nom de laquelle
on dit agir, pour augmenter sa déconsidération euro-
péenne, leur offre plus que le gouvernement; aussi, ils
travaillent à leur manière au rétablissement des exilés,
dans l'espoir de récompenses semblables à celles de
1815. Car, il ne faut pas s'y tromper : les places et l'argent pour les pervers, sont comme les honneurs pour
les puissans.

Cette contrée pourrait par les malheurs qu'elle a éprou-
vés, signaler de grands coupables, dignes émules de
ceux qui, lors de la restauration, avec de beaux noms
et des charges éminentes, foulaient aux pieds la justice,
et écrasaient le peuple d'impôts, pour s'enrichir plus
vite. Autrefois, il fut constaté que divers chefs de bandes
recevaient des guinées d'une main et l'argent de la république de l'autre; que la fourberie s'était introduite aussi
dans les états-majors des bleus, et que, pour inspirer la
terreur, et piller ensuite plus à leur aise, des attaques
simulées étaient concertées pour exterminer les communes que les deux partis avaient déjà ravagées. C'est
à force de victimes qu'on parvenait à couvrir d'un
voile funèbre et impénétrable tous ces crimes qui font
frémir l'humanité, et qui engraissaient de part et
d'autre les chefs de bandes et certains proconsuls ré-

volutionnaires. C'était alors une affaire de politique inté-
ressée pour les vils scélérats, et une affaire d'argent pour
les agens subalternes : le royalisme y était pour peu de
chose. Il est démontré que les fauteurs les plus sanguinaires
de cette guerre dévorante étaient les mêmes renégats ,
dégradés, tonsurés et autres, qui , dans les voyages de
Pétersbourg, Vienne, Londres, Berlin, au compte de la
faction des nobles fuyards qui délaissèrent Louis XVI,
proposèrent les plans de dévastation que Pitt et Co-
bourg devaient faire exécuter en France, en allant men-
dier chez les princes d'Allemagne des troupes et des
armes, pour égorger et massacrer leurs compatriotes.

On sait toutes les largesses que prodigua jadis la famille déchue , pour alimenter la fameuse association
Bretonne et Vendéenne, qui , de Mittau par l'Angleter-
re, achetait dans Paris la corruption des agens de la
république et de ceux du directoire. Lors du retour de
Bonaparte de l'île d'Elbe, on n'a pas oublié l'empres-
sement que mit le pavillon Marsan de faire partir ses
cavaliers rouges et noirs, en dévalisant du 5 au 15 mars
les caisses publiques. La France ne fut-elle pas indi-
gnée de ce voyage scandaleux que firent les princes et
les princesses pour aller distribuer des croix de toutes
dimensions , et inspecter cette ignoble et vagabonde mi-
lice, dont les rangs se grossissaient chaque jour de dé-
serteurs, de misérables perdus de réputation et de for-
çats échappés des galères. Aujourd'hui, les grands fai-
seurs ne sont pas moins audacieux. Les prédicateurs
défendent les feuilles libérales, sous peine d'excommuni-
cation, et pervertissent l'esprit d'une religion pacifique ;
pour justifier leurs excès : les personnages les plus in-
fluens intriguent par habitude sur des malheurs, dont
eux seuls savent se garantir, et ils ajoutent chaque jour

des victimes à celles dont les ossemens blanchis gisent encore dans toutes les plaines de la Vendée. Les vaillans champions de ce prétendu carlisme punissent quiconque est honoré de patriotisme; ils parcourent effrontément les communes, avec les emblêmes d'une légitimité mensongère, qui n'est qu'un prétexte pour voler et piller impunément les armes à la main; et bien qu'ils soient entourés d'une armée de quarante mille hommes, on parvient rarement à les atteindre et à les exterminer, parceque la plupart sont des hommes attachés à l'ancien gouvernement et qui s'y trouvent encore; ils font partie d'une association qui s'étend jusque aux gardes-champêtres; et il existe une correspondance permanente et presqu'inaperçue entre les départemens de l'ouest et ceux du midi qui sont également dominés par de pareils intrigans.

Ne fallait-il pas en effet des espions domestiques pour savoir que dans la caisse d'un receveur des contributions, où les révoltés se précipitèrent, il y avait un sac de 900 francs qui lui appartenait, qu'on lui rendit avec une civilité que des brigands ne mettent pas en usage, lorsqu'il s'agit d'enlèvement d'argent dans les caisses des comptables. Les honnêtes citoyens alarmés par les placards séditieux qu'on affiche de tous côtés tremblent des événemens qu'on ne craint pas de leur annoncer, et des nouvelles extérieures qu'apporte chaque marée, des îles voisines, qui spéculent sur tous les crimes, où les assassins trouvent refuge et des armes de toute espèce, que des négocians vendent publiquement pour fomenter la rébellion. Tantôt, si l'on en croit les bruits qui se répandent, Nîmes a triomphé du gouvernement et proclamé le règne des exilés: Tantôt, le retour prochain des aventuriers de Marseille

est sur le point de se réaliser : enfin, le drapeau tri-
colore, qu'on aime par les grands souvenirs qu'il rap-
pelle, cache ses glorieuses couleurs devant l'étendard
flétri des factieux, qui est arboré, dans les villes et les
campagnes, presque sous la volée des canons de nos
places de guerre.

Et cependant tous ces malheurs ne sont l'ouvrage
que de quelques bandes peu considérables de malfaiteurs,
qui s'autorisent dans leur révolte, par la modération
qu'on a mise dans le principe à la réprimer. Est-il conce-
vable qu'un aussi petit nombre de stipendiés, qui ont
sucé le lait des princesses étrangères dans l'émigration,
entravent par leur obstination servile les progrès de l'industrie dans cette fertile contrée ? Si la Vendée n'était
pas un foyer de discorde, on verrait ses plaines couver-
tes de riches moissons, pour fournir aux besoins de ses
tranquilles habitans. Elle possède des salines abondan-
tes, qui ne demandent que quelques soins, pour assurer
la fortune de plusieurs centaines de propriétaires. Dans
ses gras pâturages, on élève chaque année des bestiaux
en quantité, et quand la paix sera fermement établie, la
campagne offrira encore l'aspect d'un des départemens
les plus favorisés. Une grande partie de la population
n'attend que des circonstances plus heureuses, pour
faire paraître ses talens, pour illustrer et enrichir l'état
de son industrie, et pour montrer son dévouement aux
intérêts de la patrie. Dans mainte occasion, la garde nationale n'a-t-elle pas déployé un zèle infatigable et des
sentimens vraiment patriotiques ? et aujourd'hui encore
ne brave-t-elle pas généreusement le danger, pour ter-
rasser la chouanerie, et rendre à son pays sa prospérité
et son indépendance ?

Le célèbre général Hoche connaissait le moyen de

triompher, sans répandre des flots de sang. Lorsqu'il fut envoyé pour soumettre ces pays, il ne songea pas, comme on l'avait proposé plusieurs fois, dans le principe de cette guerre désastrueuse, à exécuter une entière extermination de la population, pour la renouveler en-suite de nouveaux babitans : mais il mit fin à une guerre qui avait dévoré un million d'hommes, moins par les ar-mes que par des précautions sages et vigoureuses. Il commença par expulser ceux qui pouvaient exercer une funeste influence. Sans craindre les menaces de ses en-nemis et leurs complots impuissans, il anéantit les pré-rogatives usurpées du clergé, il détruisit la vaine auto-rité de cette rustique classe privilégiée, et il démontra aux bénévoles habitans, qui avaient survécu aux ravages de la guerre, qu'ils avaient été dupes de la trahison de quelques misérables. Les mêmes moyens aujourd'hui pourraient être employés avec autant d'avantage ; mais il faut avant tout attaquer, vaincre et forcer à un éternel silence ceux qui s'enrichissent aux dépens de la misère des autres, et qui ont intérêt de tromper leurs concitoyens.

Le roi, dans sa prudence et celle de ses conseillers, doit jeter incessamment un regard de bonté sur le sort des habitans non coupables de ce pays , pour y faire introduire l'instruction dont il est privé, et le tirer de l'obéissance aveugle où les tiennent encore les fac-tieux, qui y séjournent afin de mieux cacher leurs projets : il est prié d'encourager de bons Français qui possèdent toute sa confiance, et qui présenteront des ca-pacités et des garanties convenables, pour porter à leurs compatriotes les conseils de l'amitié, et les con-vaincre par la persuasion que la paix et la concorde sont rigoureusement nécessaires, et que l'obéissance aux lois peut seule ramener le bonheur dans la Vendée.

Vu les désordres qui tendent à se multiplier dans les différentes parties de la France, par espoir de l'impunité. Nous supplions Sa Majesté de faire une ordonnance vigoureuse, pour y remédier, avec décision que tous les propriétaires des communes, suivant leur fortune, seront passibles, par des amendes, des dommages, insultes et mauvais traitemens qu'on fera essuyer à l'avenir aux magistrats, comptables, gardes nationaux et autres agens du gouvernement, dans le cas où ils n'auraient point donné, et fait donner aide, appui et assistance à l'autorité locale, pour arrêter les coupables.

Une autre mesure également digne de fixer l'attention de Sa Majesté, serait d'utiliser dans ces départemens une quantité d'officiers pensionnés, vivant dans des pays où rien ne les attache, et se plaignant de la modicité de leur retraite, qui est moitié de celle que la loi du 11 avril 1831 accorde maintenant. Ces vieux défenseurs de la patrie, dont on reconnaîtrait le dévouement et la bonne conduite seraient choisis par MM. les généraux commandant les départemens, et réunis à Nantes, Rennes ou à proximité. On les disséminerait ensuite, sous la protection des autorités, dans les communes isolées, où ils deviendraient l'appui des maires, et ils se répandraient dans les familles, pour y dissiper l'ignorance. Ces vieux guerriers, qui ont donné des preuves de leur bravoure sur plus d'un champ de bataille, glorieux d'être encore utiles à leur patrie et à leurs concitoyens, arrêteraient dans l'occasion, ou signaleraient à l'autorité les agens dangereux de la rebellion.

Cet établissement pourrait porter le titre de *cohorte de la Légion-d'Honneur*, et réunir autant que possible des hommes décorés.

Il y aurait également une justice à rendre à d'anciens sous-officiers et soldats, mariés ou célibataires, qui, recommandables par plus de dix années de service, revinrent souvent avec des blessures gratuites. On pourrait, après un choix consciencieux, en former un dépôt, comme jadis les compagnies de réserve, au chef-lieu des départemens, pour les disperser, deux par deux, dans les communes, et les mettre à la charge des propriétaires, suivant leur fortune. Ces militaires, remplissant à-peu-près les mêmes fonctions que les officiers, pourraient être les auxiliaires de la gendarmerie à pied ; et les brigades à cheval obtiendraient d'eux les renseignemens utiles pour poursuivre les perturbateurs de la tranquillité publique. Plus dévoués à leur devoir que les gardes champêtres qui, à cause des liens de parenté et des considérations de famille, ne sont pas propres à mettre le sabre à la main pour faire respecter le maire et les propriétés, ils exécuteraient avec fidélité les ordres du gouvernement, et lors du recrutement, ils hâteraient le départ des jeunes gens désignés pour l'armée.

Ces diverses propositions étant dans l'intérêt du repos public, du respect dû aux lois et aux magistrats, des vieux et honorables serviteurs de la patrie, Sa Majesté, dans sa bienveillance paternelle, est priée de les prendre en considération, comme l'hommage du plus profond respect de son très humble et très obéissant serviteur.